AF369597

23 Mars 1885.

CATALOGUE

DE

BEAUX BRONZES

D'ART & D'AMEUBLEMENT

DES STYLES LOUIS XIV, LOUIS XV ET LOUIS XVI

SECRÉTAIRE DU TEMPS DE LOUIS XVI

MEUBLES

Porcelaines — Faïences — Marbres

Beau Plat en ancienne faïence de Delft

TAPISSERIES

DONT LA VENTE AURA LIEU

En vertu d'un Jugement du Tribunal de commerce de la Seine

HOTEL DROUOT, SALLE N° 1

Le Lundi 23 Mars 1885

A 2 HEURES

M° ROBERT LE SUEUR | **M. F. JACOB**

COMMISSAIRE-PRISEUR | EXPERT

29, rue Le Peletier, 29 | 7, rue Drouot, 7

Chez lesquels on trouve le présent Catalogue.

EXPOSITIONS

PARTICULIÈRE | PUBLIQUE

Le Samedi 21 Mars 1885 | Le Dimanche 22 Mars 1885

DE 1 HEURE 1/2 A 5 HEURES 1/2 | DE 1 HEURE A 5 HEURES

CONDITIONS DE LA VENTE

Elle sera faite au comptant.

Les Acquéreurs paieront CINQ POUR CENT en sus des enchères, applicables aux frais de vente.

L'exposition mettant le public à même de se rendre compte de l'état des objets, il ne sera admis aucune réclamation une fois l'adjudication prononcée.

Paris. — Imp. de l'Art, E. Ménard et J. Augry, 41, rue de la Victoire.

Désignation des Objets

BRONZES

1 — Belle pendule en bronze doré au mercure, formée par un vase à anses à cadran tournant supporté par deux cariatides d'enfants, en bronze
noir; socle à frise et guirlandes. *Style Louis XVI,
d'après Forty*.

2 — Pendule dite *aux Lions*, en bronze doré au
mercure, ornée de guirlandes, couronne et cornes
d'abondance; le mouvement est supporté par
deux lions couchés: socle en bronze orné de
frises. *Style Louis XVI*.

3 — Pendule dite au *Réveil du Lion*, en bronze
doré au mercure. *Style Louis XV*.

4 — Jolie pendule formée par un vase en marbre
blanc à cadran tournant ; sur le devant, un amour

debout, en bronze noir, indique l'heure ; base
en marbre blanc orné de quatre bas-reliefs en
bronze doré ; socle en marbre bleu turquin orné
de frises en bronze doré. *Style Louis XVI.*

5 — Paire de beaux candélabres formés par des
statuettes de femmes *d'après Clodion,* en bronze
noir, tenant chacune un vase surmonté d'un
bouquet à sept lumières en bronze doré ; les
fûts en marbre blanc, ornés de guirlandes de
feuilles de laurier en bronze, reposent sur des
socles en marbre bleu turquin. *Style Louis XVI.*

6 — Paire de candélabres formés chacun par un
groupe de deux femmes *d'après Falconnet,* en
bronze noir, tenant un bouquet de sept lumières
en bronze doré, socles ronds en granit argenté
ornés d'une frise en bronze doré. *Style Louis XVI.*

7 — Paire de candélabres (*dits de Fontainebleau*),
formés chacun par une statuette d'enfant en
bronze noir portant un bouquet de lumières en
bronze doré, élevés sur fûts en granit rose ;
socles en bronze doré avec tores de lauriers.
Style Louis XVI.

8 — Paire de flambeaux formés par des figurines
de petit garçon et petite fille en bronze noir

(*dits enfants à l'Œillet*), portant la lumière en bronze doré; socles en marbre blanc à cannelures avec frises en bronze doré. *Style Louis XVI.*

9 — Paire de flambeaux (*dits enfants souffleurs*), en bronze doré. *Style Louis XVI.*

10 — Paire de flambeaux en bronze doré. *Style Louis XVI.*

11 — Paire de flambeaux en bronze doré, à têtes de béliers. *Style Louis XVI.*

12 — Belle garniture de cheminée en bronze doré, composée d'une pendule, surmontée d'un vase et reposant sur quatre pieds à cannelures à guirlandes de feuilles de laurier, et de deux candélabres à sept lumières, élevés aussi sur quatre pieds à cannelures et guirlandes de feuilles de laurier. *Style Louis XVI.*

13 — Belle garniture de cheminée en bronze doré, style Louis XVI (*d'après le modèle de Gouthière*), composée : d'une pendule surmontée d'un vase et de deux candélabres à neuf lumières, à têtes de béliers et guirlandes de fleurs.

14 — Pendule, forme cage (*modèle Trianon*), en bronze doré, surmontée d'un trophée d'attributs,

couronnes et rubans, et élevée sur un socle en
marbre blanc avec frises et entourage de perles.
Style Louis XVI.

15 — Autre analogue mais plus petite. *Style
Louis XVI.*

16 — Paire de candélabres *style Louis XVI*, formés
par des statuettes de femmes en bronze noir,
tenant des bouquets en bronze doré à six
lumières, et reposant sur des socles en marbre
bleu turquin, ornés d'une frise en bronze doré.

17 — Belle pendule en bronze doré, *style Louis XVI*
(*d'après l'original de J. Toro*), surmontée d'une
figure d'amour.

18 — Paire de candélabres à sept lumières. Même
style.

19 — Pendule et candélabres analogues aux deux
numéros précédents, mais plus petits.

20 — Joli brûle-parfums en bronze doré et ajouré,
supporté par un groupe de trois femmes en
bronze noir (*d'après Falconnet*) et élevé sur
socle en porphyre orné d'une frise de feuilles
d'acanthe en bronze doré.

21 — Très belle pendule *de style Louis XIV*, en bronze doré *(dite de Versailles)*, surmontée d'une statuette de Mars en bronze et supportée par quatre amours en forme de cariatides; socle tout en bronze, élevé sur quatre pieds.

22 — Paire de candélabres formés par des vases en porcelaine de Chine, montés sur des pieds en bronze, ornés de figures de sphinx couchés, et surmontés d'un bouquet à sept lumières en bronze doré. *Style Louis XIV.*

23 — Garniture de cheminée en bronze doré, *style Louis XVI*, composée d'une pendule élevée sur pieds à cannelures et deux candélabres du même style.

24 — Paire de flambeaux-cassolettes, en bronze doré; socles en marbre blanc. *Style Louis XVI.*

25 — Paire de candélabres *de style Louis XVI*, formés par des statuettes de femmes en bronze noir, tenant chacune un bouquet à quatre lumières en bronze doré; socles en marbre blanc à cannelures avec tores de lauriers en bronze doré.

26 — Pendule forme cage à glaces, avec ornements et vase en bronze doré. *Style Louis XVI.*

27 — Paire de coupes analogues.

28 — Pendule *de style Louis XVI*, en bronze doré, surmontée d'une couronne de feuilles de laurier et de cornes d'abondance ; socle en marbre griotte, orné d'un tore de lauriers, feuillages et perles.

29 — Paire de candélabres formés par des statuettes d'enfants en bronze noir (*d'après Clodion*), tenant chacun deux branches à deux lumières en bronze doré; ils sont élevés sur socles en marbre griotte à cannelures, avec tores de laurier en bronze. *Style Louis XVI.*

30 — Garniture de cheminée en bronze doré, composée d'une pendule surmontée d'un groupe de femme et enfant, et de deux candélabres à six lumières, élevés sur trois pieds.

31 — Pendule *de style Louis XVI*, en bronze argenté, élevée sur quatre pieds à cannelures, reliés entre eux par des guirlandes de fleurs et surmontée d'un groupe de trois figures.

32 — Deux candélabres à quatre lumières. Même style.

33 — Pendule formée par un fût cannelé, en marbre vert, avec figure de chat et guirlandes de feuilles de lierre en bronze.

34 — Paire de coupes à couvercles en bronze, ornées de feuilles de lierre et tores de lauriers; socles en marbre vert.

35 — Petit buste d'Ophélie en bronze argenté.

36 — Statuette d'enfant en bronze argenté : *le Premier Chagrin*, d'après Pigalle.

37 — Deux statuettes d'enfants en bronze : *l'Été et l'Automne*.

38 — Belle pendule en bronze doré, *modèle de Saint-Germain*, formée par un gros vase à feuilles élevé sur socle, avec figurines d'amours et attributs de musique.

39 — Vase en bronze, à anses formées par des têtes de satyres.

40 — Autre vase, à anses formées par des sphinx.

41 — Cartel *style Louis XIV*, en cuivre poli, surmonté d'une figurine de Minerve en bronze noir.

42 — Cartel *de style Louis XVI*, en bronze doré au mercure, modèle à vase et feuilles de laurier.

43 — Cartel *style Louis XVI*, en bronze doré, orné de figurines d'amours et terminé par une statuette de Diane.

44 — Beau lustre à huit lumières en bronze doré. *Style Louis XIV.*

45 — Lustre *de style Louis XVI*, en bronze doré, à vingt-quatre lumières. (Copie de celui du Sénat.)

46 — Lustre à douze lumières, en bronze doré au mercure, orné de têtes de béliers et de satyres. *Style Louis XVI.*

47 — Lustre à dix-huit lumières, bronze doré, orné de cristaux. *Style Louis XVI.*

48 — Autre de même style à douze lumières.

49 — Cartel *de style Louis XVI*, en bronze doré, formé par une figure du Temps soutenant le cadran et surmonté d'une statuette d'Amour.

50 — Petit brûle-parfums *du temps de Louis XVI*, en bronze doré, élevé sur trois pieds ornés chacun d'une tête de bélier. Le couvercle ajouré est terminé par un bouton en forme d'une pomme de pin.

51 — Encrier en bronze doré à guirlandes (*dit de Marie-Antoinette*).

52 — Encrier en bronze doré. *Style Louis XV*.

53 — Pendule formée par un fût en marbre griotte, avec tores de lauriers en bronze doré et surmonté d'un groupe de deux figures en bronze noir représentant l'Amour aveugle.

54 — Groupe de trois figures en bronze, d'*Émile Hebert*, représentant les Captives.

55 — Groupe de trois figures en bronze, d'*Émile Hebert*, représentant le jeu de cache-cache.

56 — Coupe en bronze. *Style Renaissance*.

57 — Paire de chenets en cuivre poli formés par des lions.

58 — Pendule *du temps de Louis XVI*, en bronze doré, formée par une draperie à franges fleurdelisées et surmontée du buste de Louis XVI; socle en marbre blanc avec frise et perles.

59 — Paire de candélabres *de style Louis XVI*, formés par des statuettes de femmes en bronze

noir tenant des bouquets d'œillets, à quatre bras
en bronze doré ; socles en porphyre avec entourage de feuilles de chêne en bronze doré.

60 — Garniture de cheminée en marbre noir et
bronze, composée d'une pendule et de deux
coupes.

61 — Garniture de cheminée, *style Louis XVI*, en
bronze doré, composée d'une pendule à figures
de cariatides et de deux candélabres à six lumières.

62 — Paire de girandoles à cinq lumières en bronze
doré. *Style Louis XVI*.

63 — Paire de bras d'appliques à deux lumières, en
bronze doré, formés par des branchages de
lierres.

64 — Paire de petits flambeaux en bronze doré à
cannelures. *Style Louis XVI*.

65 — Paire de bouts de table à quatre lumières, en
bronze doré. *(Modèle Saint-Germain.)*

66 — Cartel *du temps de Louis XV*, en bronze doré,
portant le nom de *Imbert l'aîné à Paris*.

67 — Paire de chenets *du temps de Louis XV*, en bronze doré.

68 — Paire de bouquets de lis en bronze doré. *Époque Louis XVI.*

69 — Paire de flambeaux en bronze. *Style Louis XIV.*

70 — Encrier, *de style Louis XV*, en bronze doré.

71 — Encrier, *du temps de Louis XVI*, en marbre bleu turquin, orné d'une figurine de satyre en bronze noir et d'ornements en bronze doré.

72 — Joli miroir à main, en bronze doré, surmonté d'une guirlande de fleurs en forme de couronne. *Style Louis XVI.*

73 — Paire d'appliques à deux lumières en bronze doré, *du temps de Louis XVI*, formées chacune par un caducée.

74 — Deux très beaux bras d'appliques en bronze doré à trois lumières (*modèle Trianon*), ornés de têtes de femmes, satires, guirlandes de roses, et terminés par un nœud de ruban.

75 — Paire d'appliques à cinq lumières en bronze doré. (*Modèle dit au Carquois.*) *Style Louis XVI.*

76 — Paire d'appliques en bronze doré, à deux lumières, avec chainettes. *Style Louis XVI.*

77 — Groupe de trois figures en bronze argenté, d'*Émile Hebert*, représentant l'Innocence tourmentée par les amours.

78 — Paire de bras d'appliques à cinq lumières, en bronze doré, à figures de mascarons. *Style Louis XIV.*

79 — Paire de bouts de table à deux lumières, en bronze doré au mat, élevée sur pieds de biche.

80 — Paire de flambeaux en bronze doré, à cariatides de femmes. *Style Louis XVI.*

81 — Petite pendule, *de style Louis XVI*, en porphyre, avec cadran tournant.

82 — Belle pendule en terre cuite, *de style Louis XIV*, ornée de cariatides de femmes et de dragons ailés ; elle se termine par un dôme sur-

monté d'une figure de femme ; socle en marbre
vert d'Égypte.

83 — Suspension de salle à manger, en bronze doré.

MEUBLES

84 — Joli secrétaire, *du temps de Louis XVI*, en
acajou, orné sur l'abattant d'une plaque ronde en
porcelaine de Wedgwood entourée d'un cadre
en bronze doré, à feuillages, fleurs et raisins,
attaché par un nœud de ruban, frise et ornements en bronze doré, dessus de marbre blanc.

85 — Belle table de milieu en bois d'acajou,
entourée d'une frise en bronze doré, à têtes de
mascarons : les pieds à cannelures tors sont
ornés de guirlandes en bronze retenues par
des anneaux, chapiteaux et sabots en bronze
dorés, dessus en marbre brèche violet. *Style
Louis XVI.*

86 — Petite table à tiroir en bois d'acajou, élevée sur
quatre pieds et ornée de bronzes dorés : dessus
en marbre vert.

87 — Commode *Louis XVI*, en bois d'acajou, ornée de bronzes.

88 — Petit bureau à abattant, *style Louis XVI*, en bois d'acajou, orné de bronzes dorés.

89 — Vitrine à quatre faces, monture en fer.

90 — Table de forme contournée, en bois de rose, ornée de bronzes, dessus en velours.

91 — Jardinière en bois d'acajou, ornée de bronzes dorés à têtes de satires. *Style Louis XVI.*

MARBRES

92 — **Faure de Brousse.** Buste de femme.

93 — **Faure de Brousse.** Buste de femme.

94 — **Nicoli.** Bacchus enfant. (Statuette.)

95 — **Nicoli.** L'Enfant aux roses. (Statuette.)

96 — Statuette d'enfant en marbre, portant une coquille.

PORCELAINES — FAIENCES

97 — Très beau plat *en ancienne faïence de Delft ;* le milieu, décoré en bleu, représente un village au bord d'un canal ; le marli, à décor polychrome, figure des amours dans des enroulements.

98 — Socle de forme carrée, *en ancienne faïence de Rouen,* décor bleu.

99 — Écuelle et son plateau en *porcelaine de Saxe,* décor de fleurs.

100 — Assiette, *porcelaine de Sèvres,* pâte tendre, décor de bouquets de roses au centre et de guirlandes de fleurs sur le marli.

101 — Assiette creuse en ancienne *porcelaine de Saxe,* décor de fleurs.

102 — Huilier en ancienne *porcelaine de Sèvres,* pâte tendre, décor de bouquets de roses.

103 — Coupe en porcelaine fine *de Kanga,* décor de personnages, monture en bronze doré, du temps de *Louis XVI.*

104 — Sucrier, pot à lait, quatre tasses et soucoupes en *porcelaine de Wedgwood*.

105 — Paire de vases, *porcelaine de Chine*, famille rose, décor d'oiseaux et de fleurs.

106 — Tasse et soucoupe, *porcelaine de Sèvres*, décor de fleurs.

107 — Paire de grands vases en *porcelaine de Chine*, décor de fleurs et animaux en émaux de couleur sur fond rose.

OBJETS DIVERS

108 — Bas-relief en Cire, attribué à *Gouthière*, ornements d'attributs, guirlandes de fleurs et amours ; au centre, un médaillon de femme.

109 — Buste du Christ, en terre cuite, *attribué à Houdon*.

110 — Cafetière en bronze argenté, élevée sur trois pieds. *Style Louis XVI.*

111 — Deux socles ronds en bronze, ornés de guirlandes en bronze doré.

112 — Panneau en marqueterie de cuivre sur fond d'écaille. *Époque Louis XIV.*

113 — Petit presse-papier formé par un aigle en bronze, sur socle en porphyre.

114-115 — Pendule et baromètre en marqueterie de boule sur fond d'écaille. *Style Louis XIV.*

116 — Paire de jardinières en porphyre ornées de bronze. *Style Louis XV.*

117 — Fût en porphyre.

118 — Vase à anses en terre cuite, *époque Louis XIV*, décors de bas-reliefs et de feuillages.

TAPISSERIES

119 — Jolie tapisserie *du temps de Louis XV*, représentant une réception du grand Mogol, composition de huit figures d'après Le Prince, bordures d'ornements rocailles et de fleurs.

120 — Tapisserie à sujets de personnages.

121 — Série de quatre tapisseries dites *verdures*.